AF311147

ÉTUDES

SUR LA

RÉHABILITATION DES CONDAMNÉS

POUR CRIMES ET POUR DÉLITS,

D'APRÈS LE DÉCRET DU GOUVERNEMENT PROVISOIRE
DU 18 AVRIL 1848.

PAR

M. GABRIEL DEMANTE,

DOCTEUR EN DROIT, AVOCAT À LA COUR D'APPEL.

PARIS.

JOUBERT, LIBRAIRE DE LA COUR DE CASSATION,
rue des Grès, 14, près de l'École de droit.

1849.

Extrait de la *Revue de Droit français et étranger*,
publiée à Paris par MM. Foelix, Duvergier, Valette, Laferrière, Bonnier
et Bergson, tome VI, 1849,
éditée par Joubert, libraire de la Cour de cassation.

PARIS. — IMPRIMÉ PAR E. THUNOT ET Cie,
RUE RACINE, 26, PRÈS DE L'ODÉON.

ÉTUDES

SUR LA

RÉHABILITATION DES CONDAMNÉS POUR CRIMES ET POUR DÉLITS,

D'APRÈS LE DÉCRET DU GOUVERNEMENT PROVISOIRE DU 18 MARS 1848.

Introduction.

Nos Codes législatifs, tant célébrés au commencement de ce siècle, semblent entrer déjà dans l'âge de la première, sinon de la seconde révision. De nombreuses commissions sont en ce moment saisies de l'étude des points les plus importants de la législation; une d'entre elles est chargée d'indiquer les réformes qu'il convient d'apporter à notre droit criminel [1].

Je me propose d'examiner spécialement ici un seul des points mis à l'étude, la réhabilitation des condamnés.

« Les dispositions du Code relatives à la réhabilitation, dit le » rapport du ministre de la justice [2], sont devenues depuis long-» temps complétement insuffisantes, et le gouvernement provi-» soire avait dû pourvoir d'urgence, mais provisoirement, aux » réclamations qui se sont élevées sur ce point. La réhabilitation » s'appuie sur les considérations les plus élevées, elle est du » petit nombre de nos institutions qui ont pour objet d'exciter » l'homme à se bien conduire et de le retenir par l'attrait d'une » récompense. Son but est d'éveiller le sentiment moral dans le » cœur des condamnés, et de les relever à leurs propres yeux,

---

[1] *V*. la *Chronique* de cette *Revue*, p. 516 et 596. — Plusieurs de ces réformes ont déjà fait l'objet de maints travaux préparatoires qui jusqu'à présent sont toujours demeurés sans résultat. — *V*. notamment le rapport de M. Ortolan, contenant les observations de la Faculté de droit de Paris sur les diverses modifications à faire au Code d'instruction criminelle, dans la *Revue de législation et de jurisprudence*, t. I de 1847, p. 198.

[2] Rapport du ministre de la justice au président de la République, en date du 22 août 1849. *V*. le *Moniteur* du 23 août.

» en faisant luire devant eux l'espoir de rentrer dans la vie civile
» et de reconquérir les droits de citoyen. Un intérêt social s'at-
» tache donc à ses développements ; cet intérêt est de faire ren-
» trer dans la société des citoyens utiles. Le Code d'instruction
» criminelle n'a ouvert la réhabilitation qu'aux condamnés à des
» peines afflictives et infamantes, *et il l'a subordonnée à des*
» *conditions presque flétrissantes ;* sous ce premier rapport, il y
» a lieu de soumettre ses dispositions à un nouvel examen. Mais,
» dans ces derniers temps, les lois sur la garde nationale, sur
» l'enseignement, sur les élections, ont multiplié les incapacités
» et les ont attachés à des peines correctionnelles. Doit-on donc
» laisser les condamnés correctionnels dans une situation moins
» favorable que les autres ? et les déchéances qui les ont frappés
» doivent-elles être nécessairement perpétuelles ? »

Avant d'aborder le fond de la question, je demande à faire
encore une citation qui, je pense, n'est pas sans quelque relation avec le passage qui précède.

Dans un savant article publié en 1837 [1], M. Faustin Hélie,
qui a été depuis directeur des affaires criminelles, et qui est aujourd'hui conseiller à la cour de cassation et membre de la commission dont il s'agit, s'exprimait ainsi sur la réhabilitation :

« La réhabilitation exerce une puissance merveilleuse : elle
» lave le condamné de la tache qui l'a souillé, elle le dépouille
» de son passé comme d'un vêtement usé ; elle en fait un homme
» nouveau, elle le proclame digne de l'estime des autres hommes.
» Ce baptême civil est l'une des plus belles pensées de la légis-
» lation : elle a été puisée dans le cœur humain dont elle a sondé
» et la fragilité et les faciles retours. Cette institution est d'ailleurs
» investie d'un pouvoir presque surhumain, puisqu'elle par-
» donne et qu'elle remet les crimes. Ses bienfaits peuvent être
» immenses ; elle moralise les condamnés en offrant le prix d'une
» conduite pure ; elle leur fait un avenir en effaçant leur passé ;
» elle rattache à la société ses plus terribles ennemis ; elle trans-
» forme en citoyens utiles des hommes qui menaçaient incessam-
» ment son repos et son existence ; et cette féconde action n'a

---

[1] *V.* la *Revue de législation et de jurisprudence*, 1re série, t. VII, p. 42.

» point de périls ; les conditions dont elle est entourée, les
» épreuves auxquelles les libérés sont soumis garantissent de
» toute erreur ; mais, une erreur fût-elle possible, elle n'aurait
» aucun danger ; s'il est permis aux juges de se tromper, c'est
» lorsqu'ils cessent de punir. »

Voilà certes de brillantes et généreuses paroles ; sommes-nous
donc à la veille de les voir passer de la théorie dans la loi et de
la loi dans les mœurs ? Pour ma part, je n'ose l'espérer, et les
développements dont l'institution de la réhabilitation me paraît
susceptible, restent bien en arrière des magnifiques aspirations
du publiciste.

Examinons en effet la question dans toute sa rigueur.

Un crime est rarement un acte isolé. Fruit d'une perversité
antérieure, il reste pour l'avenir un excitant à des crimes nouveaux ; c'est une loi générale de la nature humaine : notre passé
répond de notre avenir et chacun de nos actes est en relation di-
recte avec tous les actes qui l'ont précédé, avec tous les actes
qui le doivent suivre. Ainsi se forme le caractère de l'homme,
ainsi sa réputation.

Le législateur n'a fait que tenir compte de ces faits d'observation intime, lorsqu'il a mis en suspicion toute la vie des condamnés, après même qu'ils ont subi leur peine et qu'ils rentrent
libres dans la société.

Vainement objecterait-on avec Bentham qu'au moyen de
l'exécution de la peine le crime doit se trouver entièrement
expié ; que le condamné a payé sa dette, *que son compte est soldé;*
que la société, par conséquent, ne peut plus rien lui demander.

Cette comparaison toute matérielle ne saurait prévaloir contre
les faits moraux que nous venons de constater.

Le législateur doit à la société des garanties efficaces contre le
déplorable entraînement du criminel à des crimes nouveaux. De
ce principe découlent : 1° les incapacités qui suivent l'exécution
de la peine ; 2° l'aggravation de la peine en cas de récidive.

Mais en tenant compte de l'entraînement, il faut tenir compte
aussi de la liberté humaine. L'homme, placé sur une pente, est
sollicité sans doute à la chute, mais il n'y est pas, comme le
mobile inintelligent, entraîné par la fatalité d'une loi mathéma

tique. Quelle place laisserons-nous au repentir ? Là où la religion ouvre des perspectives infinies, la loi humaine sera-t-elle impitoyablement fermée !

A cet égard l'opinion publique est inflexible :

L'honneur, dit le poëte,

> L'honneur est comme une île escarpée et sans bords,
> On n'y peut plus rentrer quand on en est dehors.

Le législateur ne peut commander à cette inflexibilité de l'opinion, mais il doit l'atténuer dans les limites de son pouvoir.

De là l'institution de la réhabilitation.

Je me propose d'examiner rapidement la nature de cette institution ; — en quoi elle diffère du droit de grâce, — comment néanmoins elle n'apparaît dans l'histoire, jusqu'en 1791, que comme une branche de ce droit.

J'aurai à exposer ensuite l'état de la législation et de la jurisprudence avant 1848 ; et à indiquer enfin les éléments nouveaux qu'y ont apporté le décret du gouvernement provisoire du 18 avril 1848 et les dispositions pénales éparses dans les lois de ces deux dernières années.

Peut-être le rapprochement de tous ces documents jettera quelque jour sur les réformes à faire ; c'est tout le mérite auquel prétend ce travail.

§ 1er.

C'est aujourd'hui un principe fondamental que la distinction entre la réhabilitation et la grâce : la grâce émane de la clémence du prince ; la réhabilitation, de sa justice : la grâce est un acte arbitraire, ressource extrême destinée à concilier le droit et l'équité ; la réhabilitation résulte de l'accomplissement des conditions prescrites par la loi. Le condamné qui demande sa grâce, se présente en suppliant ; celui qui requiert sa réhabilitation, agit comme dans la poursuite d'un droit. D'après ces principes, nous aurons à déterminer celui des pouvoirs sociaux duquel doit émaner soit la grâce, soit la réhabilitation. Pour le moment bornons-nous à constater que dans l'application, la distinction se trouve peut-être moins nettement accusée qu'elle ne l'est en pure

théorie. Il ne s'agit pas, en effet, ici, comme pour la réhabilitation d'un failli, de la vérification en quelque façon matérielle de
l'accomplissement des conditions légales, mais de l'appréciation
morale d'un ensemble de circonstances, tendant à prouver la régénération du condamné. Cette appréciation toute discrétionnaire
laisse une grande latitude d'arbitraire au pouvoir chargé de prononcer la réhabilitation, et par là, quoi qu'on fasse, la réhabilitation se rapproche de la grâce. Par là aussi je m'explique pourquoi la distinction n'apparaît pas dans l'histoire avant le Code de
1791 ; et d'ailleurs la réunion dans la même main de tous les
attributs de la souveraineté laisse peu d'intérêt à cette théorie.

§ II.

A Rome, par exemple, la *restitution* du condamné n'est limitée
dans ses effets que par la volonté du prince ; comme la peine
corporelle, l'infamie peut être remise par lui ; toute la question
se réduit à savoir ce que le prince a voulu [1].

§ III.

Les mêmes principes régissent en substance notre ancien droit
français [2] ; les lettres de *réhabilitation*, comme les lettres d'*abolition*, de *rappel de ban ou galères*, de *commutation de peine*,

---

[1] Conférez les titres suivants : Au Digeste, *De sententiam passis*, XLVIII,
23 ; — au Code Justinien, *De generali abolitione*, IX, 43 ; *De sententiam
passis*, IX, 51 ; — aux Institutes, § 1, *in fine*, *Quib. mod. jus pot. solv.*, I, 12,
et les controverses élevées sur ce texte célèbre ; — au Code Théodosien, *De in-
dulgentiis criminum*, IX, 38 ; — Sentences de Paul, IV, 8, 24. — Cette question historique a été traitée avec développement par M. Hanin dans son mémoire
couronné par la Faculté de droit de Paris, publié en 1848 sous ce titre : *Des con-
séquences des condamnations pénales relativement à la capacité des per-
sonnes*, nᵒˢ 100-105.

[2] « Papon, Denis Godefroy et Bugnion, » dit d'Aguesseau (57ᵉ plaidoyer, cause
de l'héritier de la comtesse de Bossu et des héritiers du duc de Guise), « attestent
» qu'un usage favorable a tempéré l'extrême rigueur de la loi : *Indulgentia prin-
» cipis quos liberat notat.* Dans le droit romain même, tout dépend des termes
» employés par le prince..... Le roi peut donner telle étendue qu'il lui plaît à ses
» grâces..., pourvu que ce ne soit pas au préjudice des tiers. » — Si l'on voulait
approfondir la question antérieurement à l'ordonnance de 1670, il y aurait de
nombreuses recherches à faire dans le *Trésor des chartes* ; M. Douet d'Arcq en a
donné de curieux échantillons. *V.* la *Bibliothèque de l'École des chartes*, 2ᵉ série, t. IV, p. 255 et 506.

et celles *pour ester à droit*, ne sont qu'une application du droit de grâce [1]; les cours de justice ont, il est vrai, dans la procédure d'entérinement, un puissant moyen d'action et de contrôle, mais cette action est la même sur toutes les autres lettres de grâce et n'a rien de spécial à la réhabilitation.

§ IV.

Il faut arriver jusqu'à l'époque de la révolution française pour voir apparaître le caractère nouveau et original de la réhabilitation. L'Assemblée constituante, toujours audacieusement systématique, abolit le droit de grâce. « L'usage de tous actes tendant » à empêcher l'exercice de la justice criminelle, disait le Code » pénal de 1791 (art. 13, tit. 6, part. 1re), l'usage des lettres » de grâce, de rémission, d'abolition, de pardon et de commu- » tation de peines, sont abolis pour tout crime poursuivi par voie » de jurés. » Ainsi le législateur, confiant dans l'excellence de son œuvre, supprime tout ce qui en pourrait troubler la méthodique précision, et la haine de l'arbitraire tourne au préjudice de la clémence [2].

[1] Les auteurs, comme Pussort (Sur l'article 4, tit. 16 du procès-verbal de l'ordonnance de 1670, p. 186) et Jousse (Traité de la justice criminelle, part. III, liv. 2, tit. 20), qui divisent les lettres en *lettres de justice* et *lettres de grâce*, comprennent expressément les lettres de réhabilitation parmi les lettres de grâce. Les lettres de justice sont celles de *rémission* et de *pardon*. « Les lettres de ré- » mission, dit Jousse (*loc. cit.*, sect. 2, n° 6), sont celles qui s'accordent pour » homicides involontaires, ou qui sont commis dans la nécessité d'une légitime » défense de la vie (Ordonnance de 1670, tit. 16, art. 2); » elles sont même né- cessaires « aux furieux et insensés qui viennent à commettre quelque homicide, » (Jousse, *ibid.*, n° 13.) ..... « Les lettres de pardon seront scellées pour les cas » esquels il n'échoit pas peine de mort, et qui néanmoins ne peuvent être excusés » (Ord., tit. 16, art. 3). Cette définition assez peu claire est expliquée par des exemples tout à fait étrangers à notre système pénal actuel (Jousse, *ibid.*, n° 13). « On » ne conçoit pas facilement, » dit M. Réal (Rapport au Corps législatif, dans Locré, Code d'instr. crim., t. IV, p. 164, édit. de 1831), « par quel motif l'an- » cienne procédure criminelle était obligée de recourir à ce moyen extrajudiciaire » (des lettres de *rémission*, etc.) pour rendre justice à l'accusé, à moins qu'on » ne suppose que dans cet ancien système les tribunaux se regardaient, en ce cas, » uniquement institués comme juges du fait, et dans l'incapacité absolue d'en ju- » ger la moralité, sans être autorisés par ces lettres que le prince était censé dé- » livrer. »

Au surplus, la distinction en *lettres de justice* et *lettres de grâce* n'avait rien d'officiel; les lettres de rémission et de pardon étaient parfois qualifiées lettres de grâce; jamais, au contraire, les lettres de réhabilitation n'apparaissent comme lettres de justice. Voilà le point qu'il m'importe de préciser.

[2] Mais le droit de grâce, pendant cette période qui va jusqu'à l'an X, fut plu-

La réhabilitation est seule conservée pour effacer la flétrissure du crime qui survit à la peine, mais elle cesse d'être envisagée comme un acte de souveraineté; elle résulte de l'attestation donnée par la municipalité et est prononcée sans discussion par le juge, sans qu'il soit besoin d'aucune lettre du prince.

Voici à cet égard la reproduction textuelle du Code pénal du 25 septembre 1791 (titre 7, 1re partie) :

Art. 1. « Tout condamné qui aura subi sa peine, pourra de-
» mander à la municipalité du lieu de son domicile, une attesta-
» tion à l'effet d'être réhabilité ; savoir : les condamnés aux peines
» des fers, de la reclusion dans la maison de force, de la gêne,
» de la détention, dix ans après l'expiration de leur peine ; les
» condamnés à la peine de la dégradation civique ou du carcan,
» après dix ans à compter du jour du jugement. »

Art. 2. « Aucun condamné ne pourra demander sa réhabilita-
» tion, si depuis deux ans accomplis, il n'est pas domicilié dans
» le territoire de la municipalité à laquelle sa demande est
» adressée, et s'il ne joint à ladite demande des certificats et
» attestations de bonne conduite, qui lui auront été délivrés par
» les municipalités sur le territoire desquelles il a pu avoir son
» habitation ou son domicile pendant les dix années qui ont pré-
» cédé sa demande, lesquels certificats ou attestations de bonne
» conduite, ne pourront lui être délivrés qu'à l'instant où il quit-
» tera lesdits domiciles ou habitations. »

Art. 3. « Huit jours au plus après sa demande, le conseil gé-
» néral de la commune sera convoqué et il lui sera donné con-
» naissance de la demande. »

Art. 4. « Le conseil général de la commune sera de nouveau
» convoqué au bout d'un mois; pendant ce temps chacun de ses
» membres pourra prendre, sur la conduite du condamné, les
» renseignements qu'il jugera convenables. »

Art. 5. « Les avis seront recueillis par la voie du scrutin ; et

sieurs fois exercé par le pouvoir législatif. Il paraît même que le tribunal de cassation trouva des détours pour tempérer la rigueur de la loi : *Has juris ini-quitates prætor emendavit.* C'est ainsi que j'entends ce passage de M. Rauter (*Cours de droit criminel*, t. II, n° 860, à la note) : «Le droit de grâce fut plu-
» sieurs fois exercé *sous la forme d'un arrêt de cassation.* »

» il sera décidé, à la majorité des voix, si l'attestation sera ou
» non accordée. »

Art. 6. « Si la majorité est pour que l'attestation soit accordée,
» deux officiers municipaux, revêtus de leur écharpe, ou avec
» leur procuration, deux officiers municipaux de la ville où siége
» le tribunal criminel du département dans le territoire duquel
» le condamné est actuellement domicilié, conduiront le con-
» damné devant ledit tribunal criminel. Après avoir fait lec-
» ture du jugement prononcé contre le condamné, ils diront
» à haute voix : « *Un tel a expié son crime en subissant sa*
» *peine : maintenant sa conduite est irréprochable; nous de-*
» *mandons, au nom de son pays, que la tache de son crime soit*
» *effacée.* »

Art. 7. « Le président du tribunal, sans délibération, pro-
» noncera ces mots : « *Sur l'attestation et la demande de votre*
» *pays, la loi et le tribunal effacent la tache de votre crime.* »

Art. 8. « Il sera dressé du tout procès-verbal. »

Art. 9. « Si le tribunal criminel où le jugement de réhabilita-
» tion sera prononcé, est autre que celui ou a été rendu le juge-
» ment de condamnation, la copie dudit procès-verbal sera en-
» voyée pour être transcrite sur le registre, en marge du jugement
» de condamnation. »

Art. 10. « La réhabilitation fera cesser, dans la personne du
» condamné, *tous les effets* et *toutes les incapacités* résultant de
» la condamnation. »

Art. 11. « Toutefois l'exercice des droits de citoyen actif du
» condamné demeurera suspendu à l'égard du réhabilité, jusqu'à
» ce qu'il ait satisfait aux dommages et intérêts, ainsi qu'aux
» condamnations pécuniaires, qui auront pu être prononcées
» contre lui. »

Art. 12. « Si la majorité des voix du corps municipal est
» pour refuser l'attestation, le condamné ne pourra former une
» nouvelle demande que deux ans après, et ensuite de deux ans
» en deux ans, tant que l'attestation n'aura pas été accordée. »

On ne peut nier la valeur théorique de ce système : l'homme
se relève par sa propre énergie; la municipalité atteste, le juge

proclame sa réhabilitation ; au fond il ne doit qu'à lui-même sa régénération civile.

Mais l'organisation en est des plus défectueuses. Et d'abord les corps municipaux, desquels seuls émane effectivement la réhabilitation. n'ont ni l'autorité, ni l'indépendance nécessaires pour un acte aussi grave. Quant à la forme dramatique de la procédure, elle va contre le but proposé, et, j'ose le dire, malgré les éloges non suspects qui lui ont été donnés [1], elle est (bien à l'insu du législateur!) immorale ou odieuse; immorale, si elle glorifie le condamné; odieuse, si elle tend à l'humilier.

§ v.

Le consulat et l'empire s'éloignèrent entièrement du système de l'Assemblée constituante : le droit de grâce fut rendu au gouvernement par le sénatus-consulte du 16 thermidor an X [2]; puis le Code d'instruction criminelle ne tarda pas à organiser sur de nouvelles bases l'institution de la réhabilitation.

Déjà, dans le projet primitif du Code de 1808, la comparution personnelle du condamné est supprimée; l'attestation de la municipalité est envoyée avec les pièces à l'appui à la cour d'appel du ressort; et bien que la cour, suivant le projet, ne soit appelée à délibérer que *sur la suffisance et la légalité des pièces annexées à la demande* [3], cette disposition, en définitive, laisse à peu près entière la liberté d'appréciation des magistrats. Enfin, par une innovation radicale, ou plutôt par un retour plus ou moins exact vers le passé [4], l'arrêt de réhabilitation ne devait

---

[1] « L'Assemblée constituante qui avait conservé *les lettres* de réhabilitation » (*lisez :* la réhabilitation) *et qui les avait entourées d'un noble appareil.....* » Réquisitoire de M. Mourre, procureur général, à la suite duquel est intervenu l'arrêt de cassation du 6 février 1823, cité ci-dessous. — *V.* encore l'article déjà cité de M. Faustin Hélie.

[2] S.-C., 16 thermidor an X, art. 86 : « Le premier consul a droit de faire grâce. » — Il l'exerce après avoir entendu, dans un conseil privé, le grand juge, deux » ministres, deux sénateurs, deux conseillers d'État et deux juges du tribunal de » cassation. » Ces dispositions ne furent pas modifiées sous l'Empire.

[3] Art. 629 du projet. *V.* Locré, *Législation civile, commerciale et criminelle de la France*, t. XXVIII; *Code d'instruction criminelle*, t. IV, p. 123 de l'édit. de 1831.

[4] Dans l'ancien droit, le roi concédait directement les lettres de réhabilitation, et les parlements les entérinaient. Mais là, comme en toutes matières, cette

avoir d'effet que du jour où il aurait été ratifié par *lettres de l'empereur*, émises dans les mêmes formes que les lettres de grâce. Ainsi on recommence à considérer la réhabilitation comme un acte de souveraineté.

Une discussion approfondie s'éleva sur ce projet dans la séance du conseil d'État du 16 août 1808. Le principe même de la réhabilitation fut mis en question par l'archichancelier et le grand juge; Berlier le défendit victorieusement. L'archichancelier insista du moins sur un point d'organisation; l'influence déjà si fort restreinte de la municipalité lui paraissait encore exagérée. « La » municipalité, dit-il, doit être l'organe de l'opinion, mais la » réhabilitation ne doit être opérée que par arrêt de la cour, » rendu en connaissance de cause et sur les conclusions du mi- » nistère public. La cour doit avoir le droit d'ajourner, et l'arrêt » ne devenir exécutoire, qu'en vertu des lettres du prince. »

Regnauld (de Saint-Jean-d'Angely) fit observer avec raison que, même dans ce système, la cour n'avait qu'un *avis* à émettre et ne rendait pas d'*arrêt* [1].

A la suite de cette discussion, le chapitre entier fut renvoyé à la section pour qu'elle fît un rapport sur les questions importantes qui venaient d'être agitées, telles que celle de savoir :

1° Si la réhabilitation est un acte de souveraineté;

2° Si elle peut être accordée dans le cas de marque;

3° Si celui qui l'a obtenue peut encourir les peines de la ré- cidive;

4° Enfin, si l'opinion de la municipalité commandera celle de la cour [2].

Le nouveau projet, présenté dans la séance du 24 septembre 1808, fut adopté sous de légères modifications et forma les ar- ticles 619 à 634 du Code d'instruction criminelle. On voit qu'il résolut expressément la première et la dernière des questions po-

---

procédure d'entérinement avait fourni aux parlements un moyen de contrôler l'exercice de l'autorité royale. La crainte d'un semblable empiétement du pou- voir judiciaire se manifesta dans le sein du conseil d'État; voilà pourquoi l'avis de la cour dut précéder l'obtention des lettres. Quant à l'entérinement, prescrit par l'article 632 du Code d'instruction criminelle, ce n'est plus qu'une pure for- malité.

[1] Locré, *eodem*, p. 123, 124.

[2] Locré, *eodem*, p. 128.

sées dans un sens directement contraire au système du Code de 1791 : la réhabilitation y est considérée comme un acte de souveraineté; l'avis de la municipalité n'y commande plus l'opinion de la cour [1].

La distinction entre la grâce et la réhabilitation, le caractère mixte de la réhabilitation, d'après le système admis, se trouvent très-nettement précisés par le passage suivant du rapport présenté par le comte Réal au Corps législatif [2] :

« Une différence essentielle ne permettait pas que la réhabili-
» tation, telle qu'elle est définie par le projet, fût confondue avec
» les cas purement *graciables*. Dans ceux ci il s'agit toujours ou
» d'abolir une peine ou de la commuer, et dans tous les cas, de
» faire remise au condamné d'une partie des condamnations par
» lui méritées.

» Dans la réhabilitation, au contraire, la peine est subie.....
» l'accusé est quitte envers la loi, quitte envers le fisc, *envers les*
» *particuliers* [3].

» Mais la tache d'infamie lui reste; mais il est retenu dans les
» liens d'une incapacité dont la réhabilitation seule peut le dé-
» barrasser. Environnée de toutes ces circonstances, si la réha-
» bilitation *n'est pas de droit*, au moins faut-il convenir *qu'elle*
» *est de toute équité*. Il est évident qu'elle ne peut être confondue
» avec la remise ou la commutation de peine et autres cas pure-
» ment graciables ; mais elle s'y rattachait parce que le prince

---

[1] Locré, *eodem*, p. 144. — Je n'ai point à insister sur la question relative à la marque, peine abolie en 1832. — Quant à la récidive, la question fut implicitement résolue par l'article 633. — Le Code de 1791 portait, article 10 : « La réhabilitation fera cesser *tous les effets* et *toutes les incapacités* résultant de la condamnation. » Ces mots *tous les effets*, reproduits dans le projet, furent supprimés après discussion, et l'article 633 porte simplement ces mots : « La réhabilitation fera cesser *toutes les incapacités...* » La cour de cassation, par arrêt du 6 février 1823, a cassé, dans l'intérêt de la loi, un arrêt de la cour d'assises de la Seine refusant d'appliquer les peines de la récidive à un condamné précédemment réhabilité. Cette décision, parfaitement juste en droit positif, ne l'est pas moins, suivant moi, en législation. Mais ce n'est pas ici le lieu de discuter ce point important. *V.*, en sens contraire, l'article de M. Faustin Hélie, p. 44.

[2] Séance du 6 décembre 1808. *V.* Locré, *eodem*, p. 165.

[3] Ces mots pourraient induire en erreur, car le Code ne contient aucune disposition sur l'inexécution des condamnations civiles. Il y aurait là sans doute un empêchement *moral* laissé à l'appréciation du pouvoir chargé de statuer sur la demande en réhabilitation; mais il n'y a pas d'empêchement légal. — *V.* au contraire le Code de 1791, art. 11, cité ci-dessus p. 7.

1..

» seul pouvait effacer la tache d'infamie imprimée par la con-
» damnation et faire cesser les incapacités produites par le
» jugement.

» D'un autre côté, puisqu'il n'est plus question du droit de
» grâce et de son application pure et simple, *puisqu'il s'agissait*
» *aussi de la reconnaissance d'un droit acquis*, les dispensateurs
» de la justice, les tribunaux, *ne pouvaient rester étrangers à*
» *l'instruction qui doit précéder le jugement.* Il a donc fallu,
» dans cette matière, *mixte de sa nature*, admettre le concours
» des tribunaux avec le recours au prince. »

§ VI [1].

La Charte de 1814 rendit au roi l'exercice du droit de grâce
sans contrôle ; le roi constitutionnel, sur ce point seulement, de-
meurait roi absolu.

Mais la Charte n'innovant point quant à la réhabilitation, cette
institution continua d'exister avec le caractère mixte que lui
avait imprimé le Code de 1808, un acte de souveraineté, parti-
cipant à la fois de la grâce et de la justice du roi.

Fallait-il conclure de là que la grâce se trouvât limitée à la remise de la peine corporelle et de l'amende, mais que la réhabilitation dût seule s'étendre jusqu'au rétablissement de la capacité du condamné ?

Un avis célèbre du conseil d'État, en date du 8 janvier 1823,
résolut en ce sens cette grave question constitutionnelle dans les
termes suivants :

« Considérant que l'article 68 de la Charte a maintenu les lois
» qui n'y sont pas contraires ; que la nécessité de la réhabilitation,
» imposée par le Code d'instruction criminelle au condamné,
» pour qu'il soit relevé des incapacités légales encourues par
» l'exécution du jugement, n'a rien de contraire à l'article 67 de
» la Charte, qui donne au roi le droit de faire grâce et de com-

---

[1] La commission dont nous avons annoncé la formation dans la première partie
de cet article (V. la *Revue*, numéro de novembre 1849, p. 928) se compose de
M. le GARDE DES SCEAUX, président, et de MM. PORTALIS, DUPIN aîné, BÉRENGER,
ISAMBERT, BARÈCHE, de CROUSEILHES, VALETTE, GASC, Victor LEFRANC, JALLON,
FAUSTIN-HÉLIE, BOUCLY, Victor FOUCHER, ALLOU. — M. SALLANTIN, secrétaire.

»muer la peine ; — Qu'en effet, la grâce et la réhabilitation
»diffèrent essentiellement, soit dans leur principe, soit dans
»leurs effets ; que la grâce dérive de la clémence du roi ; la réha-
»bilitation de sa justice ; — Que l'effet de la grâce n'est pas
» d'abolir le jugement, mais seulement de faire cesser la peine ;
» — Qu'aux termes du Code d'instruction criminelle , le droit de
»réhabilitation ne commence qu'après que le condamné a subi
»sa peine ; — Que l'effet de la réhabilitation est de relever le
» condamné de toutes les incapacités, soit politiques, soit civiles,
»qu'il a encourues ; — *Que ces incapacités sont des garanties*
»*données par la loi, soit à la société, soit à des tiers*, et que
» la grâce accordée au condamné ne peut pas plus le relever
»de ces incapacités que de toutes les autres dispositions du juge-
»ment qui auraient pu être rendues en faveur des tiers, etc. »

L'autorité purement doctrinale de cet avis du conseil d'État [1]
fut loin de trancher toutes les controverses. Elles se prolongèrent
même après la révision du Code d'instruction criminelle, opérée
en 1832, bien que cette révision eût apporté un argument nouveau en faveur de la doctrine proclamée par l'avis de 1823 [2].

En effet, la nouvelle rédaction de l'article 619 du Code d'instruction criminelle, en ouvrant aux condamnés graciés la voie
de la réhabilitation [3], supposait bien que la grâce ne remettait
pas *de plein droit* les incapacités attachées à la condamnation.
Mais, disaient encore les adversaires de cette doctrine, si la grâce
ne remet pas *de plein droit* les incapacités, il ne s'ensuit pas
qu'elle ne les puisse remettre en vertu d'une clause expresse des
lettres de grâce. La question se trouvait ainsi posée, suivant ces
auteurs, dans les mêmes termes que sous l'empire du droit romain et de l'ancien droit français [4], et la royauté aurait conservé

---

[1] Je n'ai pas besoin de rappeler que le conseil d'État n'avait plus alors aucun
caractère pour interpréter officiellement les lois.

[2] On peut voir le résumé de ces controverses dans le *Cours de droit criminel*
de M. Rauter, t. II, n° 862, et dans le *Répertoire général du Journal du
Palais*, v° *Grâce*.

[3] Dès avant 1832, le gouvernement avait cru pouvoir appliquer la réhabilitation à un condamné gracié, malgré les termes de l'article 619 (ancien texte) ;
on en trouve un exemple dans le compte-rendu de la justice criminelle pour
l'année 1827.

[4] *V.*, en ce sens, Legraverend, t. II, p. 748.

jusqu'à ses derniers jours *le plus beau fleuron de sa couronne*, comme disaient nos vieux publicistes.

§ VII.

Une question nouvelle vint à s'élever pendant la période de 1832 à 1848 : *la réhabilitation est-elle applicable aux condamnés à des peines correctionnelles?*

Cette question ne pouvait naître que par suite du système nouveau, introduit par plusieurs lois étrangères à la codification, lesquelles attachèrent de plein droit et d'une manière indéfinie des incapacités graves à certaines condamnations correctionnelles.

En effet, le système des Codes criminels de 1810, quant aux incapacités résultant des condamnations pénales, était simple et uniforme :

Les peines afflictives et infamantes perpétuelles entraînent la mort civile, état indélébile [1] ;

Les peines afflictives et infamantes temporaires entraînent la dégradation civique, état qui se prolonge indéfiniment, mais qui cesse par la réhabilitation ;

Enfin les peines correctionnelles n'entraînent jamais qu'une suspension plus ou moins longue dans la capacité des condamnés, par suite de l'*interdiction* à temps *de certains droits civils, civiques et de famille*, prononcée par le tribunal [2]. A leur égard la réhabilitation est donc inutile [3].

De rares exceptions pouvaient être invoquées ; mais applicables à des catégories particulières de citoyens, elles ne pouvaient tirer à conséquence, et ne détruisaient pas l'harmonie du système exposé. Ainsi, 1° l'officier convaincu du délit de maraude doit être destitué, chassé du corps, condamné à deux ans de prison et déclaré incapable d'occuper aucun grade dans les troupes

---

[1] Sauf l'effet de la grâce, d'après le système contraire à l'avis du conseil d'État du 8 janvier 1823, sauf aussi, après 1832, l'effet de la réhabilitation pour les condamnés graciés *seulement quant à la peine corporelle.*

[2] Peu importe que cette interdiction soit ou non facultative pour le tribunal.—Cas où l'interdiction est facultative : art. 86, 89, 91, 388, 400, 401, 405, 406, 410.—Cas où elle doit être prononcée par le tribunal : art. 109, 112, 113, 123, 185, 187, 197, Code pénal.

[3] C'est l'observation expresse de Carnot sur l'art. 619 du Code d'Inst. crim.

de la République [1]; même incapacité pour l'officier qui ne se rend pas à son poste devant marcher à l'ennemi [2];

2° Le comptable de deniers publics condamné à l'emprisonnement pour détournement ou soustraction de valeurs *au-dessous de trois mille francs* [3], doit être déclaré *à jamais* incapable d'exercer aucune fonction publique [4]; même disposition à l'égard de tout autre fonctionnaire ou agent du gouvernement dans le cas de l'article 175 du Code pénal.

Cette ligne de démarcation profonde entre les peines dites *infamantes* et les peines correctionnelles a quelque chose d'artificiel et ne correspond pas toujours au sentiment public; ainsi le voleur et l'escroc sont infâmes aux yeux de l'opinion, bien qu'ils ne soient pas frappés de peines infamantes. A mesure que l'on s'écarta du système des garanties préalables pour l'exercice des droits civiques et des fonctions publiques, on dut se relâcher de cette indulgence quant aux effets de certaines condamnations correctionnelles sur la capacité des condamnés.

Ainsi la loi du 22 mars 1831 (art. 13) exclut de la garde nationale outre les condamnés à des peines afflictives ou infamantes, c'est-à-dire les dégradés civiquement :

1° Les condamnés *en police correctionnelle* pour vol, escroquerie, banqueroute simple, abus de confiance, soustraction commise par des dépositaires publics et pour attentats aux mœurs, prévus par les articles 331 et 334 du Code pénal;

2° Les vagabonds ou gens sans aveu déclarés tels par jugement.

La loi du 21 mars 1832 sur le recrutement (art. 2) exclut

---

[1] L. 21 brumaire an V, tit. 6, art. 11.

[2] La peine, dans ce cas, n'est que de trois mois de prison; même loi, tit. 8, art. 2.

[3] Et en outre inférieures aux mesures exprimées en l'art. 170 du Code pénal.

[4] Code pénal, art. 171. Si le détournement est supérieur à 3,000 fr. (art. 169), et en outre, dans le cas de l'art. 170, le comptable encourt la peine des travaux forcés à temps, et par suite la dégradation civique. Évidemment, dans ce cas spécial, la réhabilitation ne fera pas cesser l'incapacité d'exercer les fonctions publiques. Cela résulte, *à fortiori*, de l'art. 171.

Mentionnons pour mémoire la disposition de l'art. 283 du Code de procédure civile, d'après laquelle les condamnés à une peine correctionnelle pour cause de vol peuvent être reprochés comme témoins. Ce détail n'a pas été invoqué dans la controverse que nous allons rapporter.

du service militaire, toujours, bien entendu, outre les dé-gradés civiquement, les individus *condamnés à une peine cor-rectionnelle de deux ans d'emprisonnement et au-dessus* et qui en outre ont été placés par le jugement sous la surveillance de la haute police et interdits des droits civiques, civils et de famille.

La loi est plus sévère encore pour le remplaçant et l'engagé volontaire. L'un comme l'autre doit prouver qu'il *n'a jamais été condamné* à une peine correctionnelle pour vol, escroquerie, abus de confiance, ou attentat aux mœurs (art. 20 et 32 de la même loi).

La loi sur l'instruction primaire, la première qui ait fait appli-cation du principe constitutionnel de la liberté d'enseignement, devait abonder dans ce système; ainsi aux termes de la loi du 28 juin 1833, article 5 : « Sont incapables de tenir école, 1° les » condamnés à des peines afflictives ou infamantes;

» 2° Les condamnés pour vol, escroquerie, banqueroute, » abus de confiance ou attentat aux mœurs (*sans distinction*) » et les individus qui auront été privés par jugement de tout ou » partie des droits de famille mentionnées aux §§ 5 et 6 de » l'article 42 du Code pénal; » le tout sans préjudice de l'in-terdiction spéciale de tenir école, qui peut être prononcée à temps ou *à toujours* par le tribunal civil pour cause d'inconduite ou d'immoralité (art. 6 et 7 de la même loi).

Toutes ces lois sont muettes sur la réhabilitation. Était-ce le cas d'appliquer le droit commun aux condamnés à des peines afflictives ou infamantes et, par une conséquence nécessaire si l'on adoptait ce système, d'étendre le principe de la réhabilitation aux condamnés correctionnellement, malgré le texte de l'art. 619 du Code d'instruction criminelle?

Le conseil d'État résolut négativement les deux questions par un avis du **17 janvier 1832** [1].

---

[1] « Considérant que la disposition (de la loi du 22 mars 131, art. 13) est gé-» nérale et absolue, et que la loi n'ayant fixé aucun terme, aucune durée, elle » doit être appliquée indéfiniment à ceux qu'elle concerne. » *C'était précisément la question.* Quant aux considérations suivantes : « Que l'ordre intérieur du ser-» vice et l'harmonie des rapports dans la garde nationale, pourraient souffrir de l'ad-» mission d'individus frappés des condamnations judiciaires dont il s'agit, » ces

Cependant la Cour royale de Paris, saisie de la même question par une demande en réhabilitation, donna un avis favorable à la demande par arrêt du 11 mai 1838 [1].

Mais le gouvernement non content du droit qui lui était toujours réservé de rejeter la demande en réhabilitation, vit dans cette décision judiciaire un précédent fâcheux. La Cour de cassation, saisie par le pourvoi du procureur général, cassa dans l'intérêt de la loi l'arrêt de la Cour de Paris, par arrêt du 31 janvier 1839 [2].

Or comme, en cette matière, la décision définitive restait toujours au gouvernement, la fixation si nette de la jurisprudence administrative, ne pouvait plus laisser place à aucun doute dans la pratique ; il faut donc considérer comme un point constant avant 1848, que la réhabilitation ne pouvait effacer les incapacités attachées par des lois spéciales à certaines condamnations correctionnelles, ni à plus forte raison les incapacités attachées par ces mêmes lois aux peines afflictives ou infamantes.

§ VIII.

Aujourd'hui la question se trouve législativement [3] réglée par le décret du gouvernement provisoire du 18 avril 1848, statuant en ces termes :

« Art. 1er. Provisoirement, le ministre de la justice est autorisé à prononcer la réhabilitation des condamnés, avec les modifications suivantes aux dispositions du Code d'instruction criminelle.

» Art. 2. La demande en réhabilitation, les attestations exi-

considérations portent trop loin puisqu'elles tendraient à détruire le principe même de la réhabilitation.

[1] *Journal du Palais*, t. I, 1838, p. 549.

[2] La lettre du ministre de la justice ne sort guère des arguments de droit positif : la loi n'a pas statué. — V. *Journal du Palais*, t. I, 1839, p. 89. — Puisque je cite le *Journal du Palais*, je dois avertir d'une faute d'impression qui pourrait faire accuser le ministre d'une erreur matérielle. Dans la phrase suivante : « D'après son ancienne rédaction, il (l'art. 619 du Code d'inst. crim.) ne » s'appliquait *qu'*aux *condamnés qui avaient subi leur peine, ce qui excluait* » *les* condamnés *graciés, etc.* », les mots imprimés ici en *italique* ont été omis, ce qui produit une contre-vérité historique du plus singulier effet.

[3] Il a été maintes fois reconnu par l'Assemblée nationale que les décrets du gouvernement provisoire ont force de loi.

» gées par l'article 620 du Code d'instruction criminelle et l'ex-
» pédition de l'arrêt de condamnation, seront soumises au pro-
» cureur général, qui transmettra son avis par écrit au ministre
» de la justice : le ministre statuera.

» Art. 3. Si la demande est rejetée, le condamné pourra se
» pourvoir de nouveau après un intervalle de cinq ans. Il sera
» procédé sur la nouvelle demande selon qu'il est prescrit au Code
» d'instruction criminelle.

» Art. 4. Si, sur la première demande, le ministre prononce
» la réhabilitation, il en sera expédié des lettres qui seront trans-
» crites en marge de la minute de l'arrêt qui aura prononcé la
» condamnation.

» Art. 5. Tout condamné correctionnellement pourra obtenir
» sa réhabilitation trois ans après l'expiration de sa peine, pourvu
» qu'il soit domicilié depuis deux ans accomplis dans la même
» commune. Il devra adresser directement sa demande au pro-
» cureur général de la cour d'appel dans le ressort de laquelle
» son arrêt de condamnation aura été rendu. Il y joindra des
» certificats de bonne conduite délivrés par les maires des com-
» munes qu'il a successivement habitées, approuvés par les
» sous-préfets. Le procureur général donnera son avis au ministre
» qui prononcera.

» Art. 6. Si la demande est accueillie, les lettres accordées
» seront transcrites en marge de la minute de l'arrêt qui aura
» prononcé la condamnation.

» Art. 7. Il n'est point dérogé aux autres dispositions du Code
» d'instruction criminelle.

En déclarant la réhabilitation applicable aux condamnés correctionnellement, il est évident que le décret a eu en vue, non
pas les condamnés frappés d'incapacités temporaires, conformé-
ment au Code pénal, mais bien ceux que les lois spéciales
frappent d'incapacités indéfinies quant à la durée. En un mot,
il est venu purement et simplement donner force d'interprétation
législative aux considérations graves qui déjà avaient entraîné
l'avis favorable de la cour royale de Paris dans son arrêt du 11
mai 1838 [1].

[1] Cette solution a d'ailleurs été formellement indiquée dans le cours de la dis-

Le régime nouveau devait encore ajouter à l'importance de ces considérations. Ce régime, en effet, supprimant toutes les garanties préalables auxquelles avait été subordonné par les Constitutions précédentes. l'exercice des droits politiques, devait, par une conséquence nécessaire, multiplier considérablement les incapacités résultant des condamnations judiciaires[1]. On en peut juger par la nomenclature suivante dont l'utilité fera, j'espère, pardonner la sécheresse.

Ainsi, lorsqu'il s'agit de la composition du jury, sont incapables « les individus qui ont été condamnés soit à des peines
» afflictives ou infamantes, soit à des peines correctionnelles
» *pour faits qualifiés crimes par la loi* et pour délits de vol,
» d'escroquerie, abus de confiance, *usure*, attentats aux mœurs
» (*sans distinction*), vagabondage ou mendicité, et ceux qui
» *à raison de tout autre délit* auront été condamnés *à plus d'un*
» *an d'emprisonnement*[2]. »

Encore faut-il faire une sous-distinction quant aux *délits*, mais non pas quant aux *crimes* politiques. « Les condamnations pour
» *délits politiques*, ajoute la même loi, n'entraîneront l'incapa-
» cité qu'autant que le jugement la prononcerait. »

S'agit-il de la composition des tribunaux de commerce, sont incapables, soit d'être électeurs, soit d'être élus, les individus qui rentrent dans les catégories précédentes, et, en outre, 1° les condamnés « pour CONTREBANDE *quand la condamnation pour*
» *ce délit aura été d'un mois d'emprisonnement;*
» 2° Les individus condamnés pour contravention aux lois
» sur les *maisons de jeu*, sur les *loteries* et les maisons de *prêts*
» *sur gages;*
» 3° Les individus condamnés pour les délits prévus aux ar-

cussion de la loi sur le jury. — *V.* les observations de M. Demante dans la séance du 4 août 1848 (*Moniteur* du 5), et la réponse de M. Émile Leroux, rapporteur de la commission; il en résulte que la disposition *provisoire* du décret doit subsister jusqu'à la loi à intervenir.

[1] On avait commencé à entrer dans cette voie après 1830; V., *suprà*, § VII.
Il est à regretter que toutes ces incapacités créées par des lois successives, ne soient nullement coordonnées entre elles. Pendant la discussion de la loi électorale, l'honorable M. Valette s'est vainement élevé contre ce système, en signalant l'extrême complexité qui en résultera dans la jurisprudence. — Jamais on n'avait vu si bien apparaître le danger des amendements.

[2] Loi du 7 août 1848, art. 3.

» ticles 413, 414, 419, 420 (violation des règlements relatifs
» aux manufactures, au commerce et aux arts), 439, § 2,
» du Code pénal (destruction de pièces), et aux articles 596 et
» 597 du Code de commerce (fraude en matière de faillite)[1]. »

Aucune exception de faveur n'est ici faite pour les délits politiques.

Enfin la loi électorale renchérit encore sur toutes ces énumérations.

Ici il faut distinguer l'incapacité d'être électeur et l'incapacité d'être élu.

Sont incapables d'être électeurs et ne doivent par conséquent être inscrits sur la liste électorale :

Outre 1° les individus condamnés à des peines afflictives ou infamantes ;

2° Et ceux auxquels les tribrunaux jugeant correctionnellement auront interdit le droit de vote et d'élection par application des lois précédentes (C. pén., art. 42, 43, etc.) ;

§ 3 de l'art. 3 de la loi du 15 mars 1849 : « Les condamnés
» pour crime à l'emprisonnement par application de l'art. 463
» du Code pénal[1].

§ 4. » Les condamnés *à trois mois de prison au moins* pour
» vol, escroquerie, abus de confiance, soustraction commise
» par des dépositaires de deniers publics ou attentat aux mœurs
» *prévu par l'art. 334 du Code pénal ;*

§ 5. » Ceux qui ont été condamnés *à trois mois de prison* par
» application des art. 318 (*boissons falsifiées*) et 423 (*fraude*
» *commerciale*) du Code pénal.

§ 6. » Ceux qui ont été condamnés pour délit d'usure. »

A quoi il faut ajouter cette distinction, quant aux condamnés
en matière politique et aux condamnés *pour coups et blessures*,
qu'à leur égard l'interdiction du droit de vote et d'élection n'a

---

[1] Loi du 28 août 1848, formant les art. 618 et 620 rectifiés du Code de commerce.

[2] La loi sur le jury, art. 3, exclut *les condamnés à des peines correctionnelles pour faits qualifiés crimes par la loi*, ce qui comprend, outre le cas de circonstances atténuantes, le cas d'excuse et le cas où un mineur de 16 ans aura été condamné pour avoir agi avec discernement. Pourquoi cette distinction ? Ne pourrait-on pas dire comme jadis un vieux juge : *C'est pour changer !*

lieu qu'autant qu'elle aura été prononcée , dans les cas où la loi l'autorise par *l'arrêt de condamnation* (§ final).

Enfin quant à l'éligibilité il faut ajouter aux causes d'incapacité , applicables à l'électorat , 1° les condamnations *même inférieures à trois mois* pour vol , escroquerie , abus de confiance , soustraction commise par des dépositaires de deniers publics , ou attentat aux mœurs prévu par l'art. 334 du Code pénal.

2° Les condamnations pour *adultère* , objet d'un amendement qui restera célèbre dans les annales parlementaires [1].

Ces détails ne peuvent laisser aucun doute sur la nécessité de maintenir l'application de la réhabilitation aux matières correctionnelles.

§ IX.

Mais en est-il de même de cette autre disposition du décret qui , d'un trait de plume , supprime l'intervention du pouvoir judiciaire dans la procédure de réhabilitation? Certes , s'il fallait modifier le système compliqué du Code de 1808 , ce n'était pas pour amoindrir, mais bien plutôt pour étendre en cette matière l'action de la magistrature.

En 1808 , on proclamait que : « Puisqu'il s'agissait de la re-» connaissance d'un droit acquis, les dispensateurs de la justice, » les tribunaux ne pouvaient rester étrangers à l'instruction qui » doit précéder le jugement [2]. » Quelles raisons donnait-on pour

---

[1] Je ne parle pas ici des causes qui suspendent l'exercice des droits, comme l'état de mise en accusation, la faillite, la démence, etc.; ces différentes causes sont tout à fait étrangères à la réhabilitation des condamnés. — La réhabilitation des faillis est régie par des idées toutes différentes. V., *supra*, § Ier.

[2] Rapport du comte Réal au corps législatif, déjà cité ci-dessus (§ V). Cette intervention, bien que se réduisant à un simple avis consultatif, n'en avait pas moins une haute gravité. Nous avons vu ci-dessus (§ VII) le gouvernement saisir la cour de cassation d'un pourvoi dans l'intérêt de la loi, contre un arrêt qui lui paraissait établir un précédent dangereux. — Du reste les comptes rendus de la justice criminelle ne fournissent aucun élément pour établir la proportion entre le nombre des demandes, suivies d'avis favorables de la part des cours d'appel, et le nombre des réhabilitations prononcées. Il est vraisemblable que, sauf le cas d'une divergence sur le droit, la chancellerie ne manquait guère d'accueillir l'avis de la cour. — Remarquons du reste que les cours avaient au moins droit de *veto*, puisque la chancellerie ne pouvait réhabiliter en cas d'avis négatif (Code d'instr. crim., art. 628).

réserver la décision définitive à l'Empereur ? On disait que la réhabilitation est un acte de souveraineté « que le prince seul » pouvait effacer la tache d'infamie imprimée par la condamnation » et faire cesser les incapacités produites par le jugement. »

Je n'engagerai pas la discussion sur ce terrain abstrait. Mais ces raisons, dont la valeur est en elle-même fort contestable [1], sont tout au moins inapplicables aujourd'hui sous l'empire de la constitution qui nous régit [2].

Il suit de là qu'à la magistrature seule doit être attribué le pouvoir de prononcer la réhabilitation. C'est là une question d'état qui rentre parfaitement dans l'ensemble de ses attributions.

Mais une modification importante doit être apportée à la procédure tracée par le Code d'instruction criminelle. La publication de la demande dans un journal judiciaire offre un inconvénient grave, justement signalé par le dernier rapport du ministre de la justice [3].

Ce luxe de précautions peut, trop souvent, paralyser tout le bienfait de la loi ; car la publication de la demande, en cas de rejet ultérieur, est pour le condamné un redoublement d'humiliation et de honte [4].

Quant au système actuel du décret, je crois avoir suffisamment établi qu'il dénature entièrement l'esprit de l'institution. A force de simplifier les formes de la réhabilitation, il leur a ôté toute grandeur. Un simple arrêté ministériel statue sur la demande. Existe-t-il une voie de recours contre cet arrêté ? cette matière

---

[1] Est-ce que ce n'est pas faire acte de souveraineté que de rendre la justice !

[2] L'institution du tribunal des conflits pourrait me fournir un argument ; car on a senti l'inconvenance qu'il y aurait aujourd'hui à subordonner une décision judiciaire à un acte du pouvoir exécutif. *V.* art. 89 de la Constitution.

[3] C'est, je pense, à cette disposition de l'art. 625 du Code que fait allusion le rapport cité ci-dessus (*Introduction*), quand il parle de *conditions presque flétrissantes* auxquelles était assujettie la réhabilitation.

[4] C'est là, sans doute, le principal motif qui avait amené le décret du 18 avril ; car malgré la date néfaste que porte ce décret (le décret contre l'inamovibilité est de la veille, 17 avril ; la conspiration des clubs est du 16), je ne puis croire qu'il rentrât dans une pensée systématique d'amoindrissement de la magistrature. — Mais n'est-il pas facile de concilier la prudence et le secret avec les garanties d'une instruction judiciaire ? La procédure d'adoption en est un exemple. — *V.*, notamment, art. 355 et 356 du Code civil.

rentre-t-elle bien convenablement dans le contentieux adminis-
tratif [1] ?

Voilà une grave question, et la solution, dans l'état actuel de
la législation, en est au moins fort délicate.

D'autres points importants resteront à étudier.

La réhabilitation aura-t-elle la puissance d'effacer tous les effets
de la condamnation première au point d'exclure, en cas de condamnation nouvelle, les peines de la récidive?

Les condamnés pour récidive en pourront-ils invoquer le
bienfait?

Devra-t-on maintenir un délai uniforme entre l'expiration de
toutes les condamnations criminelles et l'admission de la demande?

Ne convient-il pas de mesurer ce temps d'épreuve d'après la
durée de la condamnation?

L'examen de toutes ces questions, qui n'ont point été tou-
chées par le décret du gouvernement provisoire, nous entraîne-
rait bien au delà des bornes assignées à cet article ; je n'oserais
d'ailleurs entreprendre davantage sur le terrain réservé aux sa-
vantes discussions de la commission.

Conclusion.

Maintenant et tous ces points réglés, quelles espérances la société peut-elle légitimement fonder sur l'institution de la réhabilitation ?

A cet égard l'expérience du passé est peu encourageante et
l'effet n'a guère répondu à l'attente des législateurs.

« Jusqu'à présent, disait M. Réal au corps législatif, le 6 dé-
» cembre 1808, peu de réhabilitations ont eu lieu parce que jus-
» qu'à ce jour le régime des prisons semblait s'opposer à toute
» espèce de régénération, parce que rien n'avait été fait pour
» mettre à exécution le beau système de 1791. »

---

[1] Déjà on avait soutenu l'affirmative sous l'empire du Code d'instruction criminelle.— *V*. Sirey, t. XXIII, 2ᵉ part., p. 93; *contrà*, Legraverend, t. I, chap. 20,
p. 771 (édit. Duvergier). Mais cette opinion, peu soutenable suivant moi, avait
moins d'importance grâce à l'intervention de la magistrature, qui précédait la dé-
livrance des lettres de réhabilitation.

Les dispositions du Code d'instruction criminelle , il faut le reconnaître, n'ont pas eu un meilleur succès. Les comptes rendus de la justice criminelle constatent que le nombre des condamnés rehabilités n'a pas atteint le chiffre moyen de vingt et un par année pendant tout le temps écoulé de 1826 à 1847 [1].

Qu'est-ce que ce chiffre en présence des dix mille libérés qui chaque année refluent sur la société!

Le savant publiciste dont j'ai déjà eu occasion de citer le travail, M. Faustin Hélie, attribue la stérilité de cette institution à l'organisation défectueuse qu'elle a reçue du Code de 1808.

« Pour que cette institution porte ses fruits , dit-il , pour » qu'elle devienne un objet d'ambition pour les condamnés , » deux conditions sont nécessaires : il faut qu'ils aient intérêt à » en réclamer le bénéfice, il faut que les formes auxquelles elle » est soumise ne les effrayent pas. » Au contraire , suivant lui, « le législateur, après avoir posé le principe, a cru entrevoir » quelques périls et il l'a étouffé par des précautions surabon- » dantes... Le code renferme le germe d'une institution plutôt » qu'une institution elle-même; il reste à le développer. Ce dé- » veloppement doit avoir une double base; il faut donner un in- » térêt aux condamnés , il faut leur faciliter l'accès de la réha- » bilitation. L'intérêt naîtra des effets plus larges qui peuvent être

---

[1] Le chiffre exact est de 20,86. En subdivisant cette période avant et après la réforme de 1832 , nous trouvons 15,83 de 1826 à 1831 , et 22,78 de 1833 à 1846. — Je ne crois pas qu'il faille attacher une grande importance à cette différence , car en relevant les chiffres année par année on les voit se succéder presque au hasard. D'ailleurs j'ai déjà remarqué que dès avant 1832 le gouvernement avait, au moins une fois, accordé la réhabilitation à un condamné gracié (*suprà* , p. 13). Voici le relevé de tous les chiffres officiels depuis le commencement des comptes rendus. Le compte rendu de 1825 ne parle pas de la réhabilitation. Pour les années suivantes nous trouvons :

En 1826	. . . . . .	5	En 1837	32
1827	. . . . . .	5	1838	26
1828	. . . . . .	14	1839	26
1829	. . . . . .	22	1840	21
1830	. . . . . .	18	1841	21
1831	. . . . . .	31	1842	14
1832	. . . . . .	21	1843	32
1833	. . . . . .	30	1844	13
1834	. . . . . .	24	1845	25
1835	. . . . . .	21	1846	12
1836	. . . . . .	22	1847	24

» attribués à cette mesure; il naîtra surtout de la réforme des
» prisons.....

» ..... Cette institution bienfaisante, en constatant les succès
» de la réforme des prisons, en devient à la fois l'auxiliaire et la
» sanction [1]. »

Le temps est venu de mettre à exécution ces généreuses pensées, et certes nous avons tout à attendre des travaux de la
savante commission chargée d'étudier ces graves questions so-
ciales. Mais il serait dangereux de concevoir à cet égard de trop
brillantes espérances : les espérances encouragées et déçues se
traduisent aujourd'hui en blasphèmes contre la société et en ré-
voltes impies. Or, de quoi s'agit-il ici? De provoquer le repentir
sincère du mal et l'énergique volonté du bien au plus profond du
cœur des condamnés. Il ne dépend pas du législateur de commander ce résultat; car, ne l'oublions pas, ce ne sont pas les
institutions qui font les mœurs, ce sont les mœurs qui font les
institutions.

[1] *Revue de législation*, t. VII, 1re série (1837-38), p. 43, 45, 50.

Paris. — Imprimé par E. Thunot et Cie, rue Racine, 26, près de l'Odéon.

9 782019 930127